오랫동안 미술치료·색채심리 전문가로 활동해온 주리애 교수와
기발한 상상력과 감수성이 돋보이는 작품들을 선보였던 신성희 작가가,
엄마로서 제2의 인생을 준비하는 임신부들을 응원하기 위해 뜻을 모았다.
주리애 교수는 미술치료 분야의 지식뿐만 아니라 임신 기간 동안
직접 경험했던 일들과 상담 현장에서 일하며 배우고 깨달은 노하우를
풍부하게 담아내 전문성을 높였다.
임신 단계별로 일어나는 몸과 마음의 변화에 초점을 맞추어
어떻게 임신으로 인한 스트레스를 해소할 수 있는지
따뜻한 글로 조언하고, 더불어 다양한 색채를 경험함으로써
아이의 두뇌와 감성을 두루 발달시킬 수 있도록 돕는다.

주 리 애 교 수 와 함 께 하 는

태교 컬러링

주리애 교수와 함께하는

태교 컬러링

김영사

우리 아이의 태명:

아이의 첫 초음파 사진을 붙여보세요.

아직은 아이가 너무 작아 자세히 볼 수 없지만, 건강하게 무럭무럭 자라 곧 만나게 될 거예요.

사람들에게 가장 의미 있고 소중한 순간이 언제였냐고 묻는다면 다양한 답변이 나올 겁니다. 아이를 낳은 여성의 경우는 이 질문에 아마 열에 아홉은 주저하지 않고 임신과 출산을 말할 거예요. 그 한 순간 한 순간이 이전의 어떤 경험으로도 설명하거나 예측할 수 없는 놀라운 시간이기 때문입니다.

새로운 생명을 품는 것은 위대한 자연의 섭리지요. 그러한 섭리에 따라 우리의 마음도 하나씩 아이 맞을 준비를 하게 됩니다. 이렇게 마음과 행동, 의식과 노력으로 출산을 돕는 것을 통틀어 '태교'라고 합니다. 태교는 지성과 감성, 의식과 무의식, 생각과 느낌 등 여러 가지 복합적인 차원에서 진행됩니다. 그중 '예술'은 생각과 감성을 자극하고 부드럽게 풀어주며 카타르시스와 승화를 가져옵니다.

최근의 경향은 관객의 입장에 머무르는 예술이 아니라 직접 능동적으로 참여하는 '우리 안의 예술가'를 중요시한답니다. 자신이 직접 만들어보는 'DIY Do It Yourself'나 각자의 느낌으로 완성하는 '컬러링북'이 환영받는 것도 동일한 맥락이지요. 그렇다면 컬러링북이 태교에 좋은 이유는 무엇일까요?

첫째, 임실부는 심신이 피곤하면 안 되기 때문에 실내에서 많은 시간을 보낸답니다 (미세먼지와 황사, 건강을 위협하는 바이러스 때문에도 실내에 머무르는 시간이 많아졌지요). 그렇게 시간을 보낼 때 컬러링북을 통해 자신만의 예술 세계를 펼쳐나간다면, 즐거운 감성 에너지를 충전할 수 있습니다.

둘째, 정갈한 아름다움에 대한 추구가 중요합니다. 우리 조상들은 임신부에게 모난 것과 추한 것을 피하도록 했습니다. 시각적 자극이 사람 마음에 얼마나 큰 영향을 주는지에 대해 뇌과학이 발달하기 이전부터 직관적으로 알았던 것이지요.

셋째, 색채는 감성 발달과 감정 정화에 큰 몫을 합니다. 자연을 통해 다양한 색채를 경험하는 것이 가장 좋지만, 사계절이 있는 우리나라에서 항상 뚜렷한 색감의 자연을 만날 수 있는 것은 아니므로 컬러링을 통해 이를 풍부하게 경험하는 것도 좋답니다.

넷째, 색연필을 사용하면 통제력과 적응력을 키울 수 있어요. 통제력은 외부 환경과 조건을 넉넉히 감당하고 다룰 수 있는 마음이랍니다. 여러 미술재료 중에서도 부드러운 질감을 가진 색연필은 통제력을 높이는 데 큰 도움을 줍니다. 그래서 낯선 환경에서 적응력을 키워야 할 때 사용하면 좋답니다. 임신도 우리에게 새로운 경험이니 이를 활용하면 좋겠지요?

이 책은 임신 기간 동안 많은 임신부들이 경험하는 일들과 제가 상담 현장에서 일하며 배우고 깨달은 노하우를 바탕으로 태교에 초점을 맞춰 집필되었습니다. 모쪼록 이 책을 보는 모든 임신부들의 건강한 임신과 출산을 기원합니다.

차

례

생명을 품었어요

생명을 품었어요

"축하드립니다. 임신하셨어요!"
이렇게 축하의 인사를 듣고 초음파 사진으로 아이를 처음 만나셨죠?

첫 만남에서 아이는 작은 점처럼 보여요. 그 둥근 점이 바로 새로운 생명, 놀랍도록 신비한 '우리 아이'랍니다. 엄마가 된다는 사실이 실감나지 않을 수도 있고, 아직 아무런 변화가 느껴지지 않을 수도 있어요. 그렇지만 엄마의 배 속에는 온 우주를 품은 생명이 담겨 있답니다.

시간이 흐르면서 점처럼 작은 아이가 차츰 커지겠지요. 임신 4~7주에 뇌가 생기고, 심장과 신장 같은 주요 장기들도 발달한답니다. 이 시기에 손가락과 발가락, 눈까지 생긴다고 하니 그저 놀라운 성장이지요. 임신 석 달째가 되면 아이의 뇌 기능이 대부분 완성되고요. 박동 소리가 들릴 만큼 심장이 활발하게 움직여요. 넉 달째는 얼굴 윤곽도 모두 갖춰지고, 손발톱과 머리카락까지 생긴답니다.

이 시기가 지나면 태동도 느껴질 거예요. 발길질에 이토록 설레며 기뻐할 수 있는 것은 임신부의 특권이겠지요? 이때는 아이의 간뇌가 발달해서 엄마의 감정을 똑같이 느낀다고 해요. 빛의 자극에도 반응할 수 있고요. 이렇듯 점차 완전하게 자라나는 아이를 배 속에 품고 있는 것은 엄마에게 주어진 특별한 시간이랍니다.

새로운 생명을 상징하는 도형인 원형을 색칠해보기로 해요. 미술치료에서 둥근 원형은 우주를 상징해요. 다양한 원형 이미지를 색칠하는 것은 마음을 편안하게 도와주고, 집중할 수 있게 해준답니다.

가장자리에 선이 둘러진 패턴도 안정감을 준답니다. 테두리 혹은 외곽선, 경계라고 부르는 선들은 안과 밖을 구분해주며 외부로부터 내부를 보호하는 기능을 해요. 어쩌면 엄마의 몸도 아이에게는 가장 안락한 테두리이자 가장자리가 될 수 있겠네요. 서로 대칭되는 모습은 형태심리학에서 가장 아름다운 모습이라고 보고 있어요. 지나치게 딱딱하게 대칭되지 않는다면 좌우, 상하의 대칭적 균형은 아름다운 미적 조화를 보여주지요. 마음의 밸런스도 찾도록 해주고요.

그러면, 이러한 패턴을 사용해서 색칠을 해볼까요?

기쁨과 설렘

임신 첫 두 달, 아직 몸의 큰 변화는 없답니다.
아기집을 보셨나요?
둥근 원형에 담긴 우주를 보셨어요.
심장 소리를 들으셨나요?
오, 세상이 열리는 감동적인 소리를 들으셨군요.

나른한 입덧

입덧으로 힘들지는 않은가요?
커다란 우주를 품었으니 우리 몸에 변화가 없을 수 없겠지요.
몸은 힘들어도 입덧은 아이가 잘 자라고 있다는 증거예요.
그래도 시간이 조금 빨리 흘러가주었으면 좋겠네요.

무한한 가능성

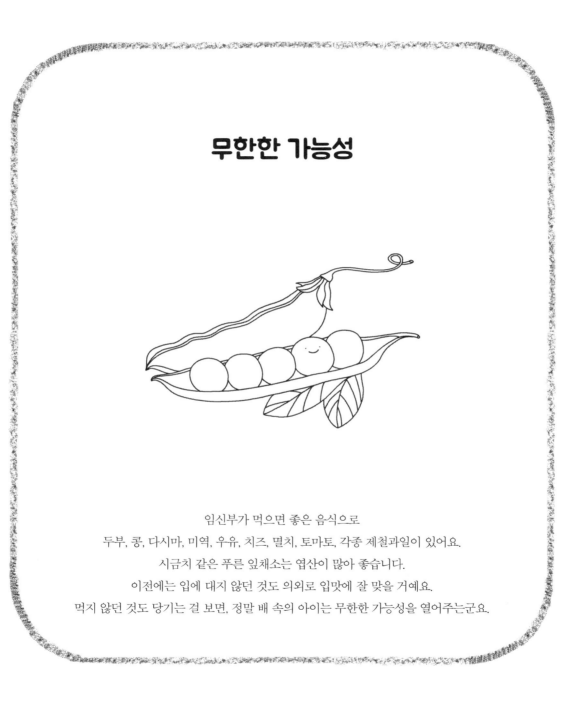

임신부가 먹으면 좋은 음식으로
두부, 콩, 다시마, 미역, 우유, 치즈, 멸치, 토마토, 각종 제철과일이 있어요.
시금치 같은 푸른 잎채소는 엽산이 많아 좋습니다.
이전에는 입에 대지 않던 것도 의외로 입맛에 잘 맞을 거예요.
먹지 않던 것도 당기는 걸 보면, 정말 배 속의 아이는 무한한 가능성을 열어주는군요.

내 안의 우주

아가야, 시계를 처음 만든 사람은 천문학자였대.
그래서 시계를 가리켜
손목 위에 하늘을 담았다고도 한단다.
엄마는 네 덕분에 마음 안에 우주를 담았어.

생각에게 토닥토닥

생각에게 토닥토닥

임신을 한 예비 엄마는 자연스럽게 이런저런 걱정이 많아져요. 아이가 건강하게 잘 자라고 있는지, 혹시라도 문제가 생기는 것은 아닌지, 엄마로서 먹는 것과 행동하는 것, 마음 쓰는 것 등을 제대로 잘하고 있는지, 뭔가 부족한 것은 아닌지 등등 걱정이 많아지지요.

이번에는 그림을 통해 걱정스런 마음을 잠시 떼어놓고, 우리를 도와줄 도우미를 그려보는 시간을 가질 거예요. 심리학에서는 우리가 마음에 갈피를 잡지 못하거나 걱정, 불안, 슬픔, 분노로 힘들어 할 때, 그 원인이 모든 것을 좌우할 정도로 강력한 힘이 있다고는 보지 않습니다. 자신의 마음을 있는 그대로 보지 못하기 때문에 휘둘리는 것이라고 생각해요. 도우미들을 그리면서 마음에 힘이 생기면 걱정거리를 좀 더 객관화해서 바라볼 수 있을 거예요. '객관화'란 내가 나를 바로 볼 수 있게 거리를 두는 것이랍니다. 마치, 거울을 통해 나 자신을 바라보는 것처럼 말이에요. 그렇게 '있는 그대로'를 보면, 우리 마음이 중심을 잡고 걱정거리를 잘 이겨낼 수 있을 거예요.

그럼 네 가지의 마음 도우미를 소개합니다. 걱정인형과 워리스톤, 드림캐처, 해우소예요.

★ '걱정인형worry doll'이라고 들어보셨나요? 걱정이 많아 잠을 잘 못 자는 아이들에게, 대신 걱정을 해주는 인형을 만들어주었던 과테말라 인디언의 풍습에서 유래했어요. 우리 마음의 자잘한 걱정도 걱정인형에게 맡겨보려 해요.

★ '워리스톤worry stone'도 있어요. 납작한 면을 가진 둥근 돌로, 표면이 매끄러워 손가락으로 비비면 마음을 차분하게 하고 안정감을 느끼도록 도와줘요.

★ '드림캐처dream catcher'는 아메리카 원주민들이 만든 장식물로, 나쁜 꿈을 걸러내고 좋은 꿈만 꾸도록 해준다고 해요. 전해오는 이야기에 따르면, 한 할머니가 침대 옆에 거미줄을 치고 있는 거미를 보고 있었대요. 그때 손자가 그 거미를 죽이려 하자 할머니가 만류했는데, 나중에 거미가 살려줘서 고맙다며 드림캐처를 선물로 주었답니다. 원형 안에 있는 실이 나쁜 꿈을 잡아주는 거미줄이고, 중심에 있는 구슬은 악몽이 아침 햇살을 받고 이슬로 변한 모습이래요.

★ '해우소解憂所'는 '근심을 푸는 곳'이랍니다. 일반적으로 사찰에 있는 화장실을 일컫지만, 뜻 자체로는 우울한 기분을 푸는 곳이에요. 마음에 걱정이 있다면 그림에 담아 함께 날려 보내세요.

지금부터 이 도우미들을 색칠하면서 마음이 차분해지는 시간을 경험해보세요.

걱정인형

아가야, 여기 봐봐. 엄마가 지금 걱정인형을 색칠했어.

걱정인형들이 엄마의 걱정을 가져간단다.

그래서 엄마는 지금 너무 행복해! 네 걱정은 어떡하냐고?

네가 자라는 동안, 엄마가 네 걱정인형이야.

네 걱정을 몽땅 가져갈 테니, 아무 걱정 없이 건강하게 자라렴.

워리스톤

두려워하지 마세요.
아이들은 생명 에너지를 가지고 우리에게 찾아왔습니다.
아무것도 아닐 수 있는 돌을 보석이라 부르며 아끼듯이,
우리 아이들도 엄마가 어떻게 바라보느냐에 따라
보석처럼 빛나는 아이들이 된답니다.

드림캐처

아가야, 걱정하지마.
엄마가 너의 꿈을 지켜주는 드림캐처를 그려줄 거야.
너의 꿈도, 엄마의 꿈도, 편안하고 포근하도록.

해우소

끊임없이 잔걱정들과 불필요한 생각들이 자꾸만 떠오른다면,
마음속의 해우소를 다녀오세요.
멀리 가지 않아도 됩니다. 높이 날아오르는 등불을 색칠하면서
붙잡고 있던 생각들을 놓아버리세요.

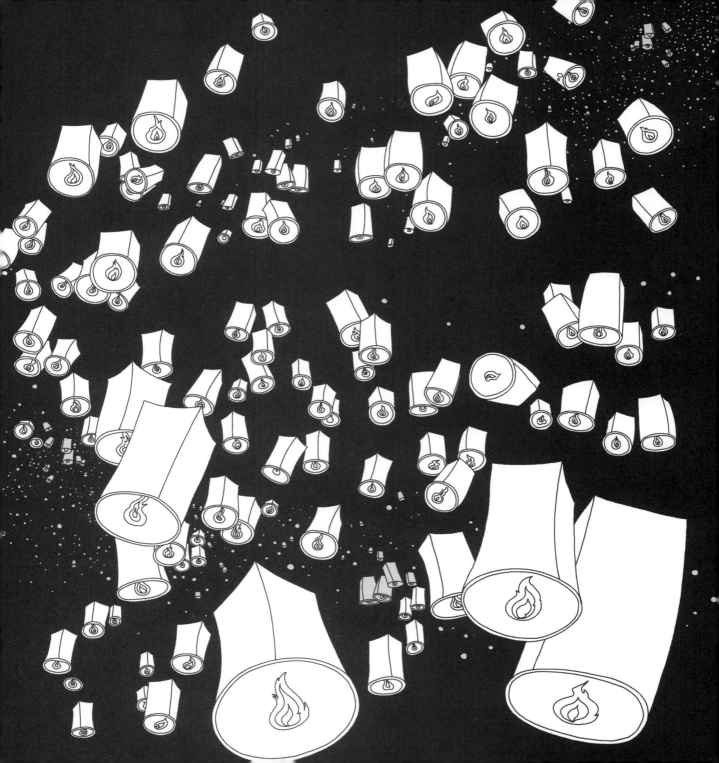

감정에게 여유를

감정에게 여유를

감정은 우리 마음대로 되지 않을 때가 있어요. 임신을 하면 호르몬에 변화가 생겨 감정 변화로 이어지기도 해요. 그래서 갑자기 예민해지거나 이유 없이 울적해질 수 있어요. 하지만 우리가 기억해야 할 것은, 태아에게 엄마의 감정이 전달된다는 점이에요. 감정은 때론 청개구리 같아서 이러지 말아야지 할수록 걷잡을 수 없이 커져버린답니다.

그럴 때는 감정을 억지로 누르려 하지 말고 오롯이 혼자만의 시간을 가져보세요. 아무것도 하지 않는 것이 어색하다면 '우뇌'를 사용해보는 것도 좋아요. 아름다운 것을 보고 느끼고, 예술을 즐겨보세요. 장엄하고 거대한 것이 아니어도 좋답니다. 여기 이렇게 색칠하는 것도 좋은 방법이지요.

어떤 색이 임신부에게 도움이 될까요?

정답은, 누구보다도 자기 자신이 가장 잘 알고 있어요. 여러 색의 색연필을 보고 첫눈에 끌리거나 꼭 칠하고 싶은 색이 있다면, 그 색이 자신에게 필요한 색이랍니다. 모든 색은 마음의 자양분이 됩니다.

빨간색은 따뜻하고 매력적인 생명의 색으로 살아 숨 쉬는 힘을 준답니다. 활력이 필요할 때는 과감하게 빨간색을 써보세요.

주황색은 즐겁고 맛있는 색이에요. 살구, 복숭아, 망고, 당근, 새우, 연어 등은 건강과 변화를 상징하지요. 빨간색과 노란색의 속성을 모두 가지고 있어 따뜻하고 활기찬 느낌을 준답니다.

노란색은 빛과 깨달음, 유쾌함과 즐거움을 동시에 가지고 있는 색이에요. 동양에서는 노란색이 '양기'를 상징해요. 남성의 힘과 적극적인 창조 원칙을 보여주는 색이죠.

초록색은 생산과 희망의 색이에요. 상징학에서 가장 균형 잡힌 중립적인 색상으로 꼽힌답니다. 아이들에게 초록색 옷을 입혔을 때의 그 귀여움은 이루 다 말할 수 없겠지요? 초록색이 눈에 들어오는 날은 '피곤하다', '심신이 지쳐 있다'고 몸이 메시지를 보내는 거라고 해요. 이럴 때는 하던 일을 잠시 멈추고 쉬어가는 것도 좋겠네요.

파란색은 하늘을 닮아 신성한 색으로 불린답니다. 마음을 안정시켜줄 뿐만 아니라 호감과 조화, 우정과 신뢰의 색이기도 하지요. 하늘의 신성함을 담은 파랑과 지상의 색인 초록이 함께 있다면 하늘과 땅의 결합이 되겠군요.

보라색은 특별해요. 자연에서 가장 드물게 발견되는 색이거든요. 그래서 감정과 이성을 연결해주는 색이기도 해요. 상상력과 독창성을 상징하기도 합니다. 부정적인 상황을 긍정적으로 치유하고 싶을 때 보라색에 강하게 끌린다고 해요.

분홍색은 다정하고 섬세한 색이지만 20세기 이전에는 남성의 색이었어요. 바로크 시대에는 분홍색 옷을 입은 왕자의 그림도 종종 등장했으니까, 아이의 성별에 구애받지 말고 분홍을 마음껏 누려보세요.

갈색은 첫눈에 눈길을 끄는 색은 아니지만 어디에나 있으면서도 맛있는 색이에요. 바삭하고 향이 진한 음식은 모두 갈색이잖아요? 꾸미지 않고 소박해서 편안하고 안락한 느낌을 준답니다.

금색은 빛의 탄생을 보여주는 색이에요. 일반적으로 돈과 성공을 상징하지만, 따뜻함, 외향성, 감사하는 마음도 담겨 있습니다. 금색을 선택하는 사람은 다른 사람과의 관계에서 따뜻한 마음으로 먼저 다가가는 사람이라는군요.

은색은 단단하고 각진 형태를 연상시키죠. 은색은 속도의 화신이에요. 그래서 자동차에 은색이 많답니다.

검은색은 힘과 권력을 상징하면서 우아한 아름다움을 가진 깊은 색이에요. 보이는 것과 달리 아이들의 밝음을 멋지게 뒷받침해줄 색이죠.

흰색은 청결하며 순결한 색이지요. 상징학에서는 가장 완벽한 색으로 본답니다. 백의민족 우리 선조들도 마음 깊은 곳에서 흰색의 완벽함을 알고 있었을 거예요.

자, 그럼 이제 색연필을 한번 보세요.
가장 끌리는 색부터 손에 잡고 시작해볼까요?

이건 도대체 무슨 감정인지

감정이 구슬처럼 느껴질 때가 있어.
또글또글 또르르르 구르는 눈물 같은 구슬 말이야.
살면서 슬픈 일이 없다면 거짓말이겠지.
그래도 맑은 슬픔이면 좋겠다.
새싹을 적시는 이슬비 같이 맑은, 그런.

마음이 힘들 때는 산책을 해요

엄마는 오늘 하루 자발적인 인어공주가 되어야겠어.

다리를 얻고 목소리를 내어준 인어공주 말이야.

그러곤 말 없이 천천히 걸어가겠어. 마음까지 인어공주가 되도록.

믿음을 가지세요

아무것도 하지 않고 그저, 가만히 있어본다.

항상 엄마가 먼저 말을 걸었지만, 오늘은 네가 먼저 이야기할 수 있게,

그렇게 가만히 있어본다.

넌 별 말이 없지만, 너에게서 따뜻한 감정을 전달받는구나.

마음이라는 보석

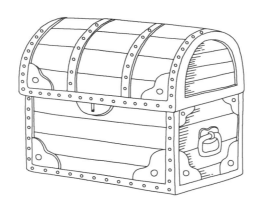

엄마는 너를 품은 뒤로 깊고 길게 숨을 들이쉬곤 해.

감정을 순수하게 정화하는 데

호흡이 이토록 큰 도움이 될 줄이야!

아가야, 엄마는 네 덕분에 감정이 맑아지도록 애쓰게 되는구나.

하나씩 준비하고 있어요

하나씩 준비하고 있어요

아이가 태어나면 당장 필요한 것들이 있어요. 준비할 것들이 너무 많아 조급하거나 낯설고 생소하게 느껴진다면, 한 박자 천천히 준비해보세요. 너무 급하게 서두르지 않아도 된답니다. 모든 것을 갖추지 않아도 괜찮아요. 아이가 태어난 뒤 필요할 때 사도 늦지 않답니다. 그보다 중요한 것은 마음이 새로운 변화에 적응하는 것이겠지요. 그림으로 그리면서 마음의 준비를 하는 것도 좋은 워밍업이 됩니다. 필요한 것들을 하나씩 색칠하면서 정리를 하는 것이지요.

자, 그럼 엄마가 될 준비로 뭐가 필요한지 하나씩 살펴볼까요?
준비된 것은 아래에 색연필로 동그라미를 쳐보세요.

산모를 위한 것

- -

필수 내의, 수면양말, 산후복대, 회음부 방석, 산모패드
선택 수유내복, 수유복, 손목 보호대

- -

아이를 위한 것

옷	필수	배냇저고리, 내복, 양말, 턱받이, 가제수건, 기저귀
	선택	모자, 손싸개(발싸개), 우주복
침구	필수	속싸개, 이불과 요, 베개(좁쌀베개)
	선택	겉싸개, 방수요, 짱구베개, 아이침대
수유	필수	젖병, 젖병솔, 젖병 세정제, 젖병 소독기, 젖꼭지, 수유쿠션
	선택	모유 저장팩, 유축기
목욕용품	필수	아이 욕조, 샴푸, 바디워시, 로션, 파우더
	선택	목욕수건, 스펀지, 목욕장난감(오리), 온도계
기타		물티슈, 귀체온계, 손톱가위

아이 신발

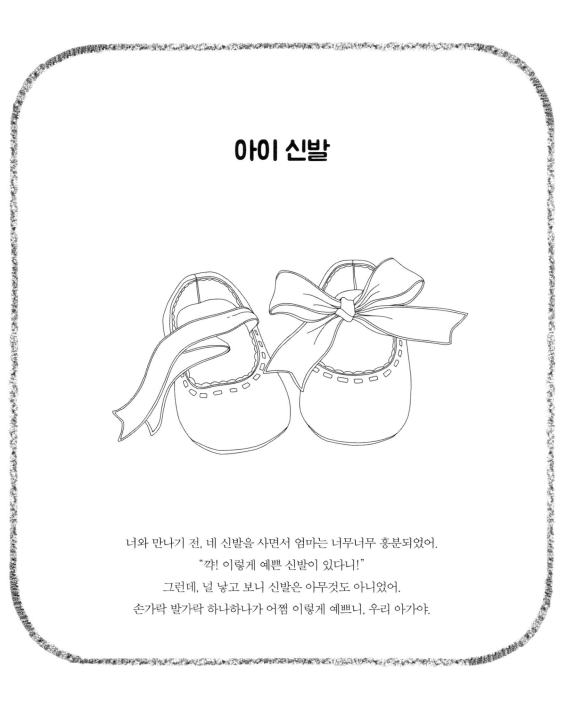

너와 만나기 전, 네 신발을 사면서 엄마는 너무너무 흥분되었어.
"꺅! 이렇게 예쁜 신발이 있다니!"
그런데, 널 낳고 보니 신발은 아무것도 아니었어.
손가락 발가락 하나하나가 어쩜 이렇게 예쁘니, 우리 아가야.

아이 방 꾸미기

우리 집의 한 방을 너의 공간으로 만들었어.
내가 이렇게 준비했다고 말했더니
선배 엄마들이 웃더구나.
어차피 집 안 전체가 네 방이 될 거라고.

출산 준비

하나하나 준비가 되는 걸 보니 정말 너랑 만날 때가 다 되었나봐.

참 신기한 경험이었어.

배 속에서 꼼지락거리는 널 느끼는 것도 이제 얼마 남지 않았구나.

배 속의 너를 진짜 잊지 못할 거야.

아이와의 만남

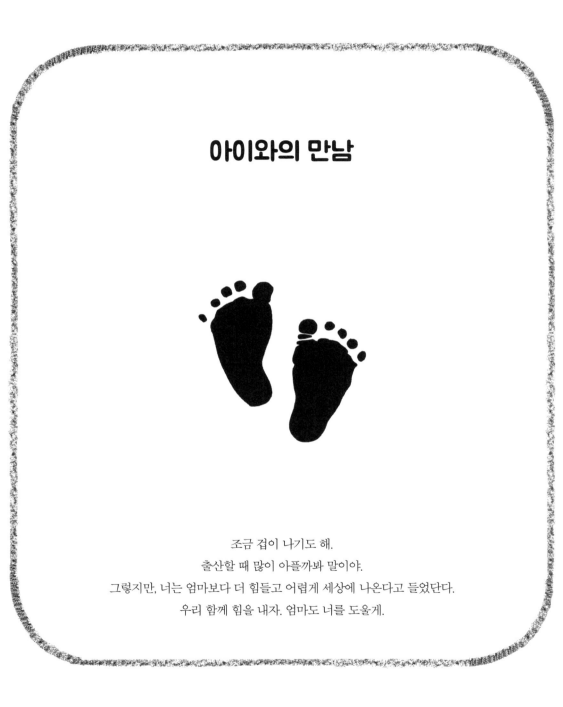

조금 겁이 나기도 해.

출산할 때 많이 아플까봐 말이야.

그렇지만, 너는 엄마보다 더 힘들고 어렵게 세상에 나온다고 들었단다.

우리 함께 힘을 내자. 엄마도 너를 도울게.

충분히 좋은 엄마

충분히 좋은 엄마

아이와 엄마의 관계는 매우 중요해요. 아이가 세상을 바라보고 경험하는 첫 단추가 바로 엄마와의 관계이기 때문에, 엄마는 아이에게 세상의 모든 것이지요. 우리가 누군가에게 전부가 된다는 것은 놀라운 일이에요. 그래서 '엄마의 자리'가 더 무겁게 느껴지지요.

심리학에는 '충분히 좋은 엄마Good Enough Mother'라는 용어가 있어요. 아이에게 가장 좋은 편안함과 위안을 주는 모성을 가리키는 말이랍니다. 아직 말을 할 수 없는 아이가 울음과 몸짓으로 무언가를 표현할 때, 엄마는 아이가 원하는 것을 알아차리고 필요를 채워주고 공감해주며 울타리가 되어주지요. 그러한 관계 속에서 아이는 건강하고 단단하게 자란답니다. 하지만 이 말이 엄마가 완벽해야 한다는 뜻은 아니에요. '충분히 좋다'라는 말은 완벽보다는, 그저 담담한 느낌으로 '그만하면 나쁘지 않고 괜찮다, 참 좋네'라는 뜻에서 '좋은' 엄마랍니다.

사람은 누구나 완벽하지 않아요. 그렇게 될 수도 없고요. 그것은 엄마로서 우리도 마찬가지예요. 우리는 지난 세월 동안에도 열심히 살아왔지만, 엄마로서 살아가게 될 앞으로의 시간은 어쩌면 새로운 세계가 될 거예요. 그래서 때론 실수하고 때론 부딪히는 좌충우돌의 시기를 맞이할지도 몰라요. '엄마'라는 모성 본능이 자연스럽게 나타나기도 하겠지만, 새롭고 낯선 역할은 종종 우리에게 어쩔 줄 모르는 당혹감을 선사할 수도 있어요.

　그럴 때, 스스로에게 가만히 속삭여주세요.

"그래, 나는 충분히 좋은 엄마야.
　실수도 하고, 가끔 부족한 면도 있지만,
　우리 아이를 사랑하는 나는 충분히 좋은 엄마야.
　아가야, 사랑해."

따뜻한 엄마

햇살을 받으며 사는 사람은
실패하지 않는다고 누군가 그랬대.
엄마는 참 감사해.
'너'라는 햇살을 품을 수 있으니 말이야.

행복한 엄마

만약 사람들이 행복을 주는 파랑새를 보았냐고 묻는다면,
엄마는 주저 없이 이렇게 말할 거야.
내 품 안의 네가 바로 그 파랑새라고.

실수하며 배우는 엄마

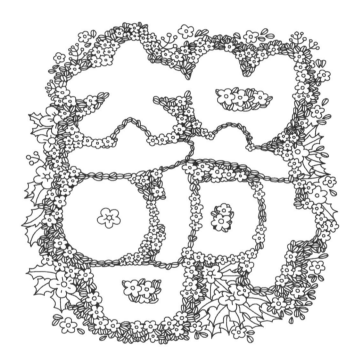

'초보운전' 스티커를 붙이듯이
'초보엄마'라고 스티커를 붙일 수 있으면 좋겠어.
네가 실망하지 않게 말이야.
실수가 많지만, 널 낳아 키우는 것은 백만 번 잘한 일이야.

잘 웃는 엄마

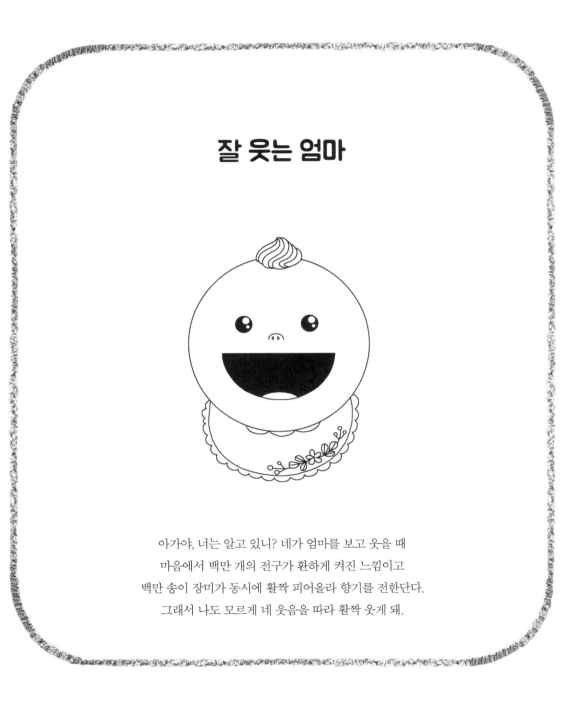

아가야, 너는 알고 있니? 네가 엄마를 보고 웃을 때
마음에서 백만 개의 전구가 환하게 켜진 느낌이고
백만 송이 장미가 동시에 활짝 피어올라 향기를 전한단다.
그래서 나도 모르게 네 웃음을 따라 활짝 웃게 돼.

부 록

마음이 심란하다면

마음이 심란하다면

여기에 실린 부록은 마음이 심란할 때 색칠해보세요. 임신 기간 내내 행복하고 좋은 일들만 있으면 좋겠지만, 어디 사람 사는 게 그렇게 될 수가 있나요. 하루하루의 일상을 살아가는 것은 희로애락을 항상 겸하고 있으니까요.

임신했을 때에는 자신도 모르게 마음이 여려지고 감정 기복이 생기는 데다, 몸도 예민한 상태라 희로애락을 조금 더 겪을 수 있어요. 주변 사람들에게 섭섭한 마음이 더 들기도 하고요. 가장 가까운 사람인 남편에게 섭섭한 마음이 가장 많이 들 수 있지요. 아마도 기대가 크니까 그런 것이겠지요? 친했던 친구들과도 조금 멀어질 수 있어요. 비슷한 시기에 임신한 것이 아니라면, 서로 관심사가 다르니까요.

직장을 다니거나 공부를 하고 있거나 혹은 새로운 일을 준비하던 중이라면, 앞으로 어떻게 해야 할지 고민이 많아질 거예요. 모든 것을 최고로 풀어줄 수 있는 해결책은 없는 것 같아요. 그럴 때는 '정말 원하는 것'이 무엇인지 찬찬히 돌아보며 우선순위를 정해야 한답니다. 내가 원하는 것 모두를 만족시키는 해결책은 없지만, 우선순위에서 가장 중요하게 여기는 한두 가지를 만족시키는 해결책은 있을 거예요. 그렇다면 그것은 '충분히 좋은 해결책'이에요.

고민이 되고 여러 가지 생각이 많아진다면, 잠시 그런 생각에서 벗어나기를 바랍니다. 생각을 더 많이 한다고 좋은 해결책이 나오지는 않거든요. 오히려 그럴 때에는 '생각하는 뇌'를 쉬게 하고 '느끼는 뇌'를 움직여보세요. 감성을 편안하게 흐르도록 도와주는 방법 중에 부드럽고 편안한 색채를 경험하는 것은 참 좋은 방법이랍니다.

　　색칠하면서 편안한 음악도 듣고 차 한잔도 곁들인다면 더할 나위가 없겠네요. 누가 아나요, 쉬었더니 오히려 더 좋은 해결책을 만나게 될지 말이에요. 때로 인생은 돌아가는 것 같은 길이 더 좋은 길인 경우가 있어요. 마치 고속도로 풍경보다 시골 국도에서 아름다운 들꽃을 만나게 되는 것처럼 말이에요.

남편에게 섭섭한 하루

같은 집에 사는 아저씨라고 불러주고 싶다.
그래야 오늘은 화를 안 내고 그냥 잠자리에 들 것 같아.
하긴, 생각해보면 아저씨가 맞지 뭐.

바쁘고 분주한 일상

너무너무 바빠서 눈코 뜰 새 없다는 말이 있지.
잠시 생각해보면, 지구는 얼마나 더 바쁘겠어.
매일매일 그 큰 몸집을 한 바퀴 돌리면서
태양 주위로도 시간 맞춰 크게 한 바퀴 더 돌아야 하잖아.
지구보다는 내가 덜 바빠. 그래도 물론 바쁘지만 말이야.

직장은 어떡하죠

너무 앞당겨서 고민하지 말자. 누군가 그랬다.

사람들은 벌어지지 않은 일에 '어두운 기대감'으로 미래를 단정해버린다고.

내일 일은 내일 고민할 수 있게 고민 분량을 좀 남겨두자.

그리고 오늘 밤은 저 별빛에 위로를 받자.

친구들은 어디서 뭐하는지

내 꿈도 내 마음도 여전히 그대로인데, 친구들아, 다들 어디에 있는 거니.

우리가 서로 공유할 대화가 줄어든다는 건 뭐랄까, 좀 슬퍼.

친구 관계도 봄, 여름, 가을, 겨울이 있나봐. 너와 보냈던 좋은 시간은 겨울을 대비하는 것이었겠지.

그래, 친구야. 시간이 더 흐르면,

다시 봄이 찾아오고 또 좋은 시절을 만나겠지. 그때가 빨리 왔으면 좋겠다.

세월과 춤을

길게 놓고 보면 참 짧은 시간인데도,
그 속에서 살 때는 복닥복닥 부대끼느라 정신이 없어.
한 박자만 천천히 가자.
그래야 여기가 어디인지, 내가 무엇을 하는지
조금 더 느껴볼 수 있을 것 같아.

더욱 격렬하게 먹고 싶다

하루 종일 먹고 싶은 것들 생각이 둥둥 떠다녔어.

엄마가 이렇게까지 먹는 것에 집착하는 사람이었나 싶어.

예전엔 즐겨 먹지 않던 것, 몸에 좋지 않은 것들이 왜 이렇게 운명처럼 끌리는 거니.

그래, 결심했어! 앞으로 조금 더 성숙한 절제의 힘을 기르기!

건강에 좋은 음식 위주로 챙겨 먹기! 그렇지만 지나치게 스스로를 몰아세우지 말기!

그래서 말인데 엄마 딱 한 젓가락만 먹었다. 히히~ 한 번만 봐줘. 알았지?

주리애 교수와 함께하는 태교 컬러링

1판 1쇄 발행 2015. 7. 28.
1판 5쇄 발행 2020. 9. 26.

글 주리애 · 그림 신성희

발행인 고세규
편집 임지숙 | 디자인 정지현
발행처 김영사
등록 1979년 5월 17일(제406-2003-036호)
주소 경기도 파주시 문발로 197(문발동) 우편번호 10881
전화 마케팅부 031)955-3100, 편집부 031)955-3200 | 팩스 031)955-3111

값은 뒤표지에 있습니다. ISBN 978-89-349-7133-7 03370

홈페이지 www.gimmyoung.com   블로그 blog.naver.com/gybook
페이스북 facebook.com/gybooks   이메일 bestbook@gimmyoung.com

좋은 독자가 좋은 책을 만듭니다.
김영사는 독자 여러분의 의견에 항상 귀 기울이고 있습니다.

이 도서의 국립중앙도서관 출판시도서목록(CIP)은 서지정보유통지원시스템 홈페이지
(http://seoji.nl.go.kr)와 국가자료공동목록시스템(http://www.nl.go.kr/kolisnet)에서
이용하실 수 있습니다.(CIP제어번호 : CIP2015018925)